TRAITÉ ABRÉGÉ

THÉORIQUE ET PRATIQUE

DE

PRONONCIATION FRANÇAISE.

PAR

A. VAILLANT,

ANCIEN AVOCAT.

SECONDE ÉDITION, REVUE ET AUGMENTÉE.

PHILADELPHIE:

J. B. LIPPINCOTT & CIE.

1864.

PRONONCIATION FRANÇAISE

PREMIER TABLEAU.

Voyelles ou Sons simples produits par une seule émission de voix par ordre d'articulation.

No.	Voyelles.	Sons dérivés.	Sons similaires.	ARTICULATION APPLIQUÉE.
1	e		(prononcé.)	le, me, te.
	e		(muet.)	Rome, monde.
			eu	feu, peu, seul.
			ue	que, querelle.
			eu	faveur, bonheur.
2		eû		jeûne.
			eux	jeux, eux.
3	é			été, célérité.
			(5) ai	j'aimai.
			(5) ait	donnait, avait, était.
			ay	payer.
			eai	rangeai.
			(5) ei	beignet.
			er	aimer.
			ey	Ferney.
			et, eh	palet, et, eh !
			œ	Œdipe.
4		ée		aimée.
			ez	nez, aimez.
5	è			père.
			(3) ai, ei	faire, air, aile, maison, reine, haine.
			(3) ait	ferait, souhait, trait (*et imparfait de l'indicatif*).
			aît	naît, paraît.
6		ès		très, près.
			ais	fais, plais, mais.
			aix	paix.
			aie	craie, j'aie, raie.
			es / est	} *temps du verbe* être *indicatif.*
			ets	projets, regrets, promets.
7	ê			fête, évêque.
			aî	maître, naître.
8	o			colorait, monologue.
			(9) au	aurore, autorité, auspice.
			eau	beau, eau, peau.
			eo	rougeole.

G.

No.	Voyelles.	Sons dérivés.	Sons similaires.	ARTICULATION APPLIQUÉE.
9	ô			côte, vôtre, alcôve.
			au, aux.	autre, auteur, aube, maux aux.
			aut	défaut, gerfaut, } peu d'exceptions.
			aud	crapaud,
			ault	Pigault.
			auld	Foucauld.
			ôt, os, ots	dépôt, tôt, dispos, mots.
10	ă			patate, palatin, à.
			ea	nagea.
			aë	Caën.
			ao	faon.
11	ā			pas, as, repas, trépas.
12	â			pâle, pâte.
13	an			plan.
			am	ambre.
			em	emblême.
			en	enfin.
			ean	Jean.
14	in			fin.
			aïn	pain.
			aim	faim.
			ein	peindre, sein, plein.
			inct	distinct.
			ym }	tympan.
			im }	impénétrabilité.
15	i }			ici.
	y }			physique.
			il	baril, fusil, outil.
			it	lit, fit, petit.
			ix	prix.
			iz	riz.
			ui	qui, quitter.
			id	nid.
		ÿ		pays.
16	î			dîme, fîmes, rendîmes.
			ie	patrie, fie, prie.
			is	pris, rendis.
17	un			brun.
			eun	jeun.
			um	parfum.
18	on			bon, ponton, on.
			eon	pigeon.
			om	ombre.
19	u			tumulus, minute.
20		û		lûmes, fûmes.
			ue	nue, vue (*excepté mots en* gue).
			us	fus, pus.
			eus	j'eusse, eus.
			üe	ciguë.
21	oŭ			coucou, tout, sous.
		oû		voûte, outre, poutre.

PREMIER TABLEAU—*continue.*

Sons variables.

No.	Voyelles.			Prononciation.	ARTICULATION APPLIQUÉE.
1	e }	devant la consonne	s suivie d'une syllabe en e muet, se prononce	é ou è	} reste, modeste, agreste.
	é }	devant les consonnes	s, t, c, l, etc. terminant une syllabe, se prononce	é	sel, sec, estime, Edmond.
2	e	" "	ll suivies de e muet se prononce	è	elle, cruelle.
3	e	devant la consonne	r se prononce	è	vertu, perte.
4	e	" "	r à la fin de certains mots, se prononce	è	fer, ver, mer, vers, envers.
5	e	dans les monosyllabes, se prononce		è	les, mes, tes.
6	e	devant	ss combinés avec la particule re, se prononce	e	ressortir, ressouvenir.
7	e	"	ss dans quelques mots "	e	dessus, dessous.
8	e	dans les mots et devant	ss combinés avec la particule dé "	é	desserrer, desservir, défaire.
9	e	" "	ss précédant une voyelle non muette "	é	message, Messie.
10	e	" "	ss précédant e muet ou er final "	è	abesse, cesse, presser, confesser.
11	e	" "	mm dans femme et certains adverbes "	a	femme, prudemment.
12	ai	par exception se prononce		e	faisant, faisais.
13	œ	" "		e	œuf, œillet.
14	eu	dans le verbe avoir, se prononce		u	eu, eue, eus, eusse, etc.
15	u	entre g et les voyelles	a, e, i (peu d'exceptions), ne se prononce pas		que, qui, qualité.
16	u	entre g et les voyelles	e, i (quelques exceptions), ne se prononce pas		gué, guide.
17	a	devant	s à la fin des mots, se prononce	ā	pas, repas, trépas.
18	a	devant	s au commencement des mots se prononce	ă	passager, pastèque.
19	en	précédé de	i dans les diphthongues "	in	bien, rien (peu d'exceptions).
20	ém	dans les mots tirés des langues étrangères	"	ème	Bethléem, Jérusalem.
21	im	"	" "	ime	Ephraim, Sélim.
22	is	"	" "	ice	Tunis, Tanaïs.
23	um	"	" "	ome	album, muséum.
24	am	dans les noms propres tirés des langues étrangères	"	ame	Abraham.

DEUXIÈME TABLEAU.

DIPHTHONGUES : *Deux sons distincts en une seule émission de voix.*

No.	DIPHTHONGUES. On écrit	On prononce	ARTICULATION APPLIQUÉE.	No.	DIPHTHONGUES. On écrit	On prononce	ARTICULATION APPLIQUÉE.
1	ai	aï-e	mail.	18	ieu		lieu.
2	ia		diacre.		ieux }		cieux.
3	iè		fière.		yeux }		yeux.
4	ié		lié, fié.	19	ion		lion.
5	ier		lier.	20	iou		chiourme.
6	iers		louviers.	21	oë		poëte.
7	iai		biais.		oê		poêle.
8	oi	oa	loi, foi.	22	oua		louage.
9	eoi		bourgeois.	23	ua		rua.
10	ouai	ouè	ouais.	24	oue		joue.
11	oin		foin.		oué		roué.
12	ouin		marsouin.	25	oui		Louis, oui.
13	io		pioche.	26	ué		tué.
14	iau		miauler.		uel		ruelle.
15	ien		bien, vient.	27	ui		lui.
16	ient	ian	patient.	28	uin		Juin.
17	ian		viande.				

Diphthongues irrégulières.

No.	On écrit	On prononce	Articulation	No.	On écrit	On prononce	Articulation
1	ao	o	août.	4	ua	oua	équateur.
2	ao	ô	Saône.	5	ui	i	qui, quitter.
3	oi	o	encoignure.	6	ue	e	que, etc.

TROISIÈME TABLEAU.

CONSONNES.

No.	CONSONNES. On écrit	On prononce	ARTICULATION APPLIQUÉE.	No.	CONSONNES. On écrit	On prononce	ARTICULATION APPLIQUÉE.
1	b	be	bombe.	11	n	ne	Ninive.
2	c	que	coco.	12	p	pe	papier.
3	d	de	dodu.	13	q	ke	qualité.
4	f	fe	fifre.	14	r	re	rare.
5	g	gue	gueux.	15	s	se	sœur.
6	h	he	héros.	16	t	te	tuteur.
7	j	je	jupe.	17	v	ve	vive.
8	k	ke	kilomètre.	18	x	gze	{ Xénophon, Xavier.
9	l	le	lune.	19	z	ze	zig-zag.
10	m	me	momie.	20	w	ou	wiskey.

Troisième Tableau—*continué*.

Consonnes variables.

No.	CONSONNES. On écrit	On prononce	ARTICULATION APPLIQUÉE.	No.	CONSONNES. On écrit	On prononce	ARTICULATION APPLIQUÉE.
1	ç	se	leçon, façon.	5	ll	ïie	fille (fïie).
	c	se	ceci.	6	s	ze	Asie.
	c	gue	second.	7	t	se	captieux, nation.
2	d	te	grand-homme.				
3	f	ve	neuf-ans.		x	kse	axe, Ajax, lynx, Fox.
	g	je	gibier, gelée.	8	x	se	soixante.
4	g	ke	sang et eau.		x	ze	deuxième.
	g	—	gangrène.				
	g	gne	seigneur.				

QUATRIÈME TABLEAU.

Consonnes composées.

No.	CONSONNES. On écrit	On prononce	ARTICULATION APPLIQUÉE.	No.	CONSONNES. On écrit	On prononce	ARTICULATION APPLIQUÉE.
1	bd	bdell	bdellium.	21	pt	pte	ptyalisme.
2	bl	ble	bloc.	22	rh	re	Rhin.
3	br	bre	bruit.	23	sc	se	sceptique.
4	ch	che	choc.	24	sch	che	schiste.
5	cl	cle	clef.	25	schl	schle	schlague.
6	cr	cre	cresson.	26	schn	schne	schnapan.
7	dr	dre	dragon.	27	scr	scre	scribe.
8	fr	fre	fruit.	28	sch	che	schako.
9	fl	fle	fleuve.	29	sm	sme	smiller.
10	gl	gle	glace.	30	sp	spe	spectre.
11	gr	gre	grenier.	31	sc	ske	scarabée.
12	kn	kne	knout.	32	sph	sfe	sphère.
13	mn	mne	mnémonique.	33	spl	sple	splendeur.
14	ph	fe	philosophe.	34	sq	ske	squelette.
15	phl	fle	phlegme.	35	st	ste	stalle.
16	phr	fre	phrénésie.	36	str	stre	stras.
17	pl	ple	plaisir.	37	th	te	thé.
18	pn	pne	pneumatique.	38	tr	tre	trait.
19	pr	pre	prendre.	39	vr	vre	vrai.
20	ps	pse	psaume.				

OBSERVATIONS COMPLÉMENTAIRES.

REMARQUE GÉNÉRALE.

Les sons reproduits dans la première et la deuxième table présentent des règles générales dont les exceptions sont indiquées à la suite de chaque table. La même observation est applicable au troisième tableau " Consonnes."

La colonne des sons similaires démontre qu'une combinaison de lettres toutes différentes représente le même son.

Tous les sons et leurs diverses combinaisons étant fixés par les tables, nous nous bornerons aux observations suivantes.

DES SONS *ait* (é) ET *ait* (è) IMPARFAIT DE L'INDICATIF. (1ère table, Nos. 3 et 5.)

Il est difficile de déterminer d'une manière absolue quand cette syllabe est prononcée *é* ou *è* à la troisième personne de l'imparfait de l'indicatif, car dans les cas où ce son est le plus ouvert, il l'est moins que *è* et plus que *é ;* le son intermédiaire est plus conforme à l'usage, et dans aucun cas ne saurait être choquant à l'oreille. Ce son intermédiaire n'étant pas marqué dans la prononciation française, on a du assimiler la syllabe *ait* à l'un et à l'autre son.

e SUIVI DE *s*. (Sons variables, No. 1.)

La même observation doit être faite pour la voyelle *e* suivie de *s*, qui tantôt se prononce *é* et parfois *è ;* cependant la distinction est plus marquée que dans le cas précédent. On peut poser cette règle : *e* placé immédiatement devant *s* au milieu d'une syllabe suivie d'une syllabe muette, se prononce *è: reste, modeste,* etc., surtout en poésie, et en prose quand l'emphase est nécessaire. Lorsque la syllabe qui suit se termine autrement, c'est-à-dire, n'est pas muette, *e* prend généralement le son de *é:* destin, destinée, prestige, etc.

DES SYLLABES *en, em,* et *ien* DIPHTHONGUE.

Au commencement ou au milieu d'un mot, dans les syllabes *en, em, e* prend le son de *a ;* à la fin des mots il prend le son de *i.*

Exemple : *enfant, engendrer, emblème, exemple, examen,* etc.

Exceptions : Rouen, Caën, qu'on prononce *Rouan, Can ;* Mentor, qu'on prononce *Mintor.*

En précédé de *i* est diphthongue : bien, rien, vient, viendra, tient, etc., et cette diphthongue se prononce : *ïin, mien, tien,* etc.

Sont exceptés les mots suivants : client, efficient, excipient, expédient, fiente, lénient, inconvénient, ingrédient, orient, quotient, et leurs dérivés : dans ces mots *ien* se prononce *ian.*

On excepte encore :

1°. Les mots étrangers en *em* (ème), Achem, Jérusalem, etc.

2°. Les mots ayant la termination *en* suivie de *t* qui se prononce *e* dans les troisièmes personnes plurielles des verbes; Ex. *aiment, rendent*, etc., et *ant* dans les mots : *dent, ardent, prudent, prudemment*, etc.

3°. Et les mots en *en* (ène): hymen, etc. (Voir plus loin la consonne *n*.)

DU SON *u*. (N°. 10, Sons variables.)

u par exception se prononce *ou* dans les mots suivants : aquatique, équation, équatorial, quadragénaire, quadrangulaire, et dans les mots commençant par *quadra* et *quadri*, excepté : quadrat et quadrille, qu'on prononce *ka*.

u prend le son naturel dans : équestre, équiangle, équidistant, équilatéral, équidifférent, équilatère, équimultiple, liquéfaction.

On le prononce aussi dans aiguille, aiguiser et dérivés, et dans les noms propres : Aiguillon, Guise, Guide.

DES CONSONNES.

Dans le corps des mots, excepté lorsqu'elles sont combinées avec les voyelles pour former un son simple, comme : *an, on, ait*, etc., les consonnes se prononcent.

Les consonnes finales au contraire, en règle générale, ne se prononcent pas, mais en raison des exceptions assez nombreuses à cette règle, nous croyons devoir examiner successivement celles des consonnes qui y donnent lieu.

B se prononce toujours dans le corps du mot.

b final se prononce dans les noms propres en *ab* : Joab, etc.; dans ceux en *ob* : Job, Jacob, etc.; dans ceux en *eb* : Caleb, etc.; et dans ces deux mots : *rob, radoub*.

C final se prononce :

1°. Dans les mots en *ac*, excepté : almanac, estomac, tabac, cotignac, lacs, jonc, ajonc, blanc, franc, banc, et dans *donc* devant une consonne ou au commencement d'une proposition.

2°. Dans les mots terminés en *ec* : avec, sec, etc.; dans ceux en *ech* : Abimelech, etc.; dans ceux en *eck* : Balbeck, etc.

3°. Dans ceux terminés en *uc* : viaduc, Turc, musc, etc.

4°. Dans ceux terminés en *oc* : bloc, choc, etc. Excepté broc, croc, accroc, escroc, raccroc, qu'on prononce *bro*, etc.

5°. Et dans *porc*.

cc se prononcent devant *e* ou *i*, le premier naturellement, le second a le son de *s* : accident (aksident), accès (aksès).

D final ne se prononce pas généralement.

Exceptions : Il se prononce,

1°. Dans les noms propres en *id* : David, Cid.

2°. Dans ceux en *ed* : Alfred, etc.

3°. Dans ceux en *od* : Nemrod, etc.

4°. Dans ceux en *ad* : Joad, Conrad, etc.

5°. Dans les mots éphod, sud, Talmud, Leopold, Arnold.

F. Règle générale : la consonne *f* est prononcée dans le corps du mot et à la fin.

Exceptions : *f* n'est pas prononcé dans les mots suivants : clef, cerf, et les substantifs composés : cerf-volant, etc., chef-d'œuvre, nerf de bœuf, bœuf-gras, œuf frais, neuf-brisac, neuf pistoles, neuf accompagnant un substantif commençant par une consonne : neuf maisons.

f se prononce dans bœuf, œuf, qui font au pluriel bœufs et œufs, qu'on prononce *beux, eux,* et dans neuf seul: dix-neuf, etc.

Il se prononce *ve* dans *neuf ans.*

G devant *a, o, u* (3ème table, No. 5) prend le son de *gue ;* c'est le son naturel.

Devant *i, e* (table 3ème, No. 4) il prend le son de *j* (*je*).

Après une voyelle ou après *h* muet il se prononce *ke.*

Accompagné de *n* il se prononce *gne.*

g final ne se prononce pas; on excepte cependant les noms propres en *ag*, Agag, etc., et les mots *joug*, bang, bourgmestre, qui se prononce *bourghemestre ;* gangrène se prononce *kangrène.*

gg se prononcent tous deux devant *é* : suggérer on prononce *suguegérer*, etc.

H initial se prononce avec aspiration dans un grand nombre de mots : haine, héros, etc.   (Voir la table à la fin des Exercices Gram. Noël et Chapsal, édition Moss et Cie., 1863, Philadelphie.)

h final ne se prononce pas, excepté dans : ah! eh! oh!

Au milieu des mots il est muet.

K se prononce dans le mot tiré de l'Anglais *York.*

L. La consonne finale *l* se prononce.

Il y a exception pour *l* simple mouillé.   (Consulter la liste, Gram. Noël et Chapsal déjà citée.)

l final non mouillé dans les mots suivants ne se prononce pas : baril, chenil, coutil, fusil, gentil, grésil, gril, nombril, outil, persil, sourcil, qu'on prononce *bari*, etc., et dans cul (*cu*).

M. La consonne *m* finale ne se prononce pas.

Sont exceptés les noms propres en *am :* Abra*ham*, etc.

ceux en *im :* Ibra*him*, etc.

ceux en *olm :* Mal*colm*, Stock*holm*, etc.

et les noms étrangers en *em*, qu'on prononce *ème :* Jérusalem.

N. Cette consonne finale ne se prononce pas.

Exception : *n* se prononce dans les mots : Béarn, Tarn ; dans les mots terminés par *en*, se prononçant *ène :* abdomen, ben, amen, Baden, cyclamen, éden, gluten, hymen, lichen, Ruben, Yémen.

Et dans ceux terminés par *in*, prononcé *ine :* albarracin, Fidelin, Glasslyn.

P se prononce au commencement et dans le corps des mots.

Exception : sept, septième, septièmement, baptême, baptiser, et dérivés, exempt, exempter, compte, prompt, et leurs dérivés.

p final ne se prononce pas.

Exceptions : 1°. Dans les mots en *ep :* Alep, etc.

2°. Dans les mots en *ap :* lap, gap, etc. ; dans le mot *bishop.*

Q. Quand cette consonne n'est pas finale, elle est toujours accompagnée de *u.*

Initiale et dans le corps du mot, elle se prononce.

q final se fait sentir dans cinq, coq, ourq, hourq.

R final se prononce ; c'est la règle générale.

On fait exception pour *monsieur, messieurs*, et pour les mots en *er* et *iers*, où ces finales se prononcent avec le son fermé *é*, comme dans les verbes de la première conjugaison, et *ié* comme diphthongue.

Néanmoins il faut en retrancher :

1°. Les mots en *er*, qu'on prononce *air :* amer, aster, auster, belvéder, calender, cancer, casiasquier, cher *adj.*, Cher *rivière*, coroner, cuiller, cutter, enfer, éther, fer, mâchefer, fier, frater, gaster, hier, hiver, kirschwasser, Lucifer et tous les substantifs terminés par *fer*, magister.

2°. Les mots en *ers*, se prononçant également *air* : Boufflers, convers, divers, envers, Gers, Mamers, Nevers, pers, pervers, revers, travers, univers, vers *sub. plu.*, vers *prép.*

3°. Les noms propres étrangers en *er*, qui tous se prononcent *air* : Abner, Gesler, etc. Alger excepté, qu'on prononce *Algé*.

4°. Et quelques mots en *iers* qu'on prononce *ïair* : Thiers (nom propre), tiers, et les temps dérivés des verbes en *quérir*, terminés en *iert*, *iers* : requiers, acquiert, etc.

S final ne se prononce pas.
Exception : 1°. Dans les noms propres terminés en *as* : Augias, Bias, etc., sauf néanmoins les suivants qui ont la terminaison *as* prononcée comme dans *pas* : Carabas, Lucas, Judas, Thomas, Maupas, Maurepas, Papouas.

2°. Les mots strass, fas et nefas, las ! hélas ! guérillas, psoas, lampas, lépas, vindas, Atlas, ambésas, vasistas.

3°. Les mots terminés en *os* : Lesbos, Délos, etc. ; sauf os, dos, los, gros.

4°. Les mots et noms propres en *us* : Danaus, Jacobus, omnibus, rébus, etc. ; à l'exception des mots suivants, qui se prononcent *u* : abus, abstrus, cabus, camus, confus, diffus, dessus, infus, inclus, intrus, Jésus, jus, obtus, pardessus, pardessus *sub.*, perclus, plus, reclus, refus, rétus, surplus, sus, talus, verjus, et tous les mots en *us* dérivés des verbes.

5°. Les noms étrangers en *ops* : Cécrops, Pélops, etc.

6°. Les mots en *ès* : aloès, aspergès, Cortès, florès, Xercès, Alvarès, ad patrès, etc.

7°. Les mots en *eps* : biceps, ceps, forceps, princeps, etc.

8°. Les mots en *ïs* : Anaïs, Tanaïs, maïs, etc. ; les noms propres en *is* : Clovis, Atys, etc.

9°. Et les mots divers suivants : as *sub.*, vis *sub.*, lis *sub.*, la Lys *rivière*, gratis, fils, bis, ibis, lapis, oasis, métis, laps, relaps, mars, Camoens, Rubens, Mons, Pons, ours.

10°. Les termes de Médecine et de Botanique en *is*.

Obus se prononce *obuze* ; dans fleur-de-lis on prononce *li*.

s entre deux voyelles se prononce *z* (No. 6, Consonnes variables) ; mais dans les mots ci-après *s* se prononce également *z* : transaction, transiger, transactionnel, transalpin, transissement, transit, et dérivés, Alsace, balsamine.

T. Le son naturel de *t* est *te* ; le son accidentel, *se*.
Initial *t* se prononce toujours, et garde le son naturel.
Dans le corps des mots, suivi de *i*, il prend le son accidentel *se* quand *i* lui-même est suivi d'une voyelle. (Consonnes variables, No. 7.)
Exemples : abbatial, captieux, inertie, nation, balbutier, initier, Helvétien.
Exceptions : 1°. Parmi les mots en *tial* : bestial.

2°. Les mots suivants en *tie* : apprentie, épizootie, garantie, ortie, partie et ses dérivés, philautie, rôtie, Samogitie, Sarmatie, sortie, sotie, Starostie, tutie, châtie.

3°. Ceux en *thie* : apathie, etc., et ceux dans lesquels *ti* est précédé de *s* : ostie, bestial, bestiaux, bastion, mixtion, etc., et dérivés.

4°. Les mots qui ne sont ni noms propres ni noms de pays, en *tien* : tient, tiens, etc. ; sauf néanmoins patient, patience, et leurs dérivés, et quotient, qu'on prononce *siant, siance*.

5°. Les noms propres suivants en *tien*, qui gardent le son naturel : Bastien, Sébastien, Corinthien, Pithien, et leurs dérivés.

6°. Les mots en *tié* : amitié, moitié, inimitié, pitié.

7°. Les mots en *tier* et *tiers*, et leurs dérivés ; excepté balbutier et initier.

t final ne se prononce pas : il existe néanmoins d'assez nombreuses exceptions :

1ère exception : les mots en *alt* : Anhalt, malt, cobalt, smalt.

2ème   "   ceux en *apt* : apt, rapt.

3ème   "   ceux en *ast* : Argobast, bombast, ast, balast, hast.

4ème   "   les mots en *at* : pat, fat, fiat, stabat, magnificat, veniat, exéat, transéat, mat, opiat, vivat, Goliath, spath, yacht.

5ème exception : les mots en *act* : exact, tact, abstract, intact, etc.

6ème exception : les mots en *ect* : abject, etc. ; font exception respect, aspect, circonspect (*respé, aspé*).

7ème exception : mots en *est* : Brest, Bukarest, Ernest, est, ouest, lest, Pesth, St. Priest, test, zest.

8ème exception : mots en *eth*, *et* : Japhet, Nazareth, Macbeth, tacet, Seth.

9ème exception : mots en *it* : Christ, accessit, aconit, déficit, granit, huit, introït, Judith, Pitt, prétérit, prurit, Tilsit, transit, turbith, zénith.

10ème exception : mots en *ost* : alost, Aost, ost, toast.

11ème exception : mots en *ut*, *uth* : azimuth, bismuth, chut, comput, occiput, Bruth, rut, Ruth, ut, luth.

12ème exception : et les mots divers suivants : cct, moult, Soult, indult, fait, Christ (dans Jésus-Christ on prononce *chri*), *sept*, seul se prononce *sète*, suivi d'une consonne *sé* : sept maisons ; huit, seul se prononce avec *t*, suivi d'une consonne il se prononce *hui* ; vingt, seul se prononce *vin* ; on prononce le *t* dans vingt-deux, vingt-trois, etc., de vingt à trente.

X, *gze* son naturel.

Cette consonne se prononce *kse* :

1°. Dans Ajax et autres mots en *ax*.

2°. Dans les mots en *ynx* : larynx, etc.

3°. Dans les mots suivants en *ix* : Béatrix, bombyx, Cadix, Céyx, Félix, Tapix, Larix, onyx, Oryx, perdix, phénix, préfix, sandix, Styx, Vercingétorix.

4°. Dans les noms en *ox* : Fox, Palafox, cowpox.

5°. Dans les noms en *ux* : Pollux, Redux.

Dans six, dix, seuls, *x* se prononce *s* (sîs, dîs) ; quand ces mots sont placés devant une consonne, il ne se prononce pas. (Six maisons, dix maisons, se prononcent : *sî maisons, dî maisons*.)

Devant une voyelle ou une *h* muette, ces deux adjectifs de nombre se prononcent *diz, siz* (diz hommes, siz hommes).

Z se prononce *s* dans les noms en *ez*, qu'on prononce *ès* : Aranjuez, Cortez, Lopez, Metz, Suez, etc.

DES CONSONNES COMPOSÉES.

Ch, son naturel *che* ; son accidentel *k*.

Le son accidentel *k* se prononçant dans un grand nombre de mots, il importe d'en dresser une liste, afin de ne pas les confondre avec les mots qui conservent le son naturel *che*.

Liste de mots où le son accidentel (k) de la consonne composée ch se prononce :

Achmet	Bucharie	mots commençant par chr)	looch
achromatique	Chalcide		Lysimachus
achromatisme	Chalcis (et tous les mots commençant par chal)	chrie	Machabées
achronique		Christ, etc.	Malachie
achrochorde		cochléaria	malachite
almanach		conchifères	orchestique
anachorète	chiragre	conchoïdal	orchestre
anachronisme	chirite	conchoïde	orchidées
anchilops	chirographaire	couchyle (et ses dérivés)	orchis
antéchrist	chirologie		Picholène
Anspach	chiromancie	écho	polytechnique
antichrèse	chiromancien	échomètre	perichrondre
antichrétien	chironien	échométrie	rich
antichthone	chironomie	enchélide	sacchareux
arachnéolithe	chlorate (et tous mots commençant par chlo)	enchiridion	saccharifère (et tous mots commençant par sacch)
arachnides		enchimose	
arachnoïdes		erlach	
archaïsme	cholédologie	Eucharistie	
archange	cholédoque	eucharistique	schème
Archangel	choléra	ichneumon	schène
archangélique	cholérine	ichnographie	schénobate
archéologie	cholérique	ichnographique	schire
archéologique	choroïque	ichor	schore
archéologue	chorée	ichoreux (et les mots commençant par ich)	stachide
archétype	chorée (med.)		stachis
archonte	chorège		technique
asiarchat	chorégraphie	Inachus	technologie
aurichalcien	chorégraphique	inchoatif	technologique
bacchanales	chorévêque	Ischia	trichiase
bacchionite	choriambe	ischion	trichodes
Bacchus	choriste	isochrone	trichomane
brachial (et tous les mots commençant par brach)	chorographie	isochronisme	trochaïque
	chorus	Lech (riv.)	trochanter
	chrème	lichen	trochie
	chrémeau	loch	Utrecht
bronchotomie	chrétien (et dérivés, et tous les	logomachie	Zurich
Bucharest		lonchite	zymotechnie

DES DOUBLES CONSONNES.

Règle générale : Lorsqu'une double consonne concourt à la formation d'un mot, la première ne se prononce pas.

Exemple : Bonne, prononcez bone (bo-ne).
       Belle,   "   bele (be-le).
       Incorrigible,   in-co-ri-gi-ble.

1ère Exception :
      Lorsque mm, nn, rr, sont précédés de i.
      "   ll, sont précédés de e muet ou de i.

Les doubles consonnes se prononcent.

Exemples : Immensité, innovation, irrésistible, intelligent, illégal.

2ème Exception :

   tt, ll, suivis de o ou u terminant la syllabe, se prononcent.

Exemple : Allocution, allocation, allusion, alluvion, in petto.

Dans le mot additionner, et ses composés, les doubles consonnes dd se prononcent.

L et ll mouillés.

Lorsque l simple et ll sont mouillés, ils sont précédés par i.

Le son caractéristique de l mouillé est ïe, comme dans Isaïe ou ï dans Sinaï.

Il se présente dans les mots de trois manières :

1ère mode : l simple mouillé à la fin des mots : péril, travail, etc.

2ème mode : ll au milieu des mots non suivis d'e muet : vaillant, brillant.

3ème mode : lle, à la fin des mots : famille, fille.

APPLICATION.

Règle générale : Le son mouillé s'obtient en substituant :

 ïe à il, comme dans travail, prononcez travaïe.
 ï ie à ille,   "   famille,   " famï-ie.
 ï i à il,   "   vaillant,   " vaï-iant.

Observation : La syllabe finale ie se prononce comme diphthongue.

DE L'ÉLISION DE L'e MUET.

L'élision de l'e muet est fréquente en français ; elle a toujours lieu à la fin des mots et emporte la contraction de la syllabe à laquelle appartient l'e muet.

La syllabe sur laquelle s'opère la contraction s'accroît en quantité ; si c'est sur une brève elle se convertit en longue.

Exemple : Ro-me, prononcez Rom.
   Mo-nde, " mond. ⎱ Les consonnes finales se pro-
   Fou-le,   " foul. ⎰ noncent.
   Lan-de,   " land.

Dans ces mots Rom, mond, etc., le son est très-prolongé en raison de la contraction, c'est-à-dire, de la réunion de deux syllabes en une seule.

Ent, 3ème personne pluriel des verbes.

E n t ne se prononcent point et la syllabe se contracte ; ils aiment, prononcez aime en une seule syllabe longue.

Observation : Cette contraction ne détruit pas l'union de la dernière lettre avec le mot qui suit.

Exemple : Tous les humains adorent un Dieu, lisez : ador-tun Dieu.

DE LA LIAISON.

Règle générale : Pour raison d'euphonie le mot terminé par une consonne s'unit au mot qui le suit lorsque celui-ci commence par une voyelle ou un h muet : toutefois on doit éviter la liaison quand elle présente un son dur et désagréable.

TABLE DES MOTS DONT LA LETTER INITIALE H EST ASPIRÉE, AINSI QUE DANS TOUS CEUX QUI EN DÉRIVENT.

Ha !	Hanscrit	Hauteur	Hormis
Hableur	Hanse	Havane (la)	Hors
Hache	Hanséatique	Hâve	Hotte
Hacher	Hansière	Haveneau	Hottentot
Hachette	Hanter	Havet	Houblon
Hachis	Hantise	Havir	Houe
Hachoir	Hapalante	Havre	Houille
Hachure	Happe	Havre-sac	Houle
Hagard	Happelourde	Hasard	Houlette
Haha (subs.)	Happer	Hé !	Houppe
Hahalis	Haquenée	Heaume	Houppelande
Hahé	Haquet	Héler	Houppe
Haie	Haquetier	Hem !	Houppier
Haïe (interject.)	Harangue	Hennir	Houraillis
Haillon	Haras	Henri	Hsource
Hainaut	Harasser	Héraut	Hourder
Haine	Harceler	Hère	Hourdi
Haïr	Hard	Hérisser	Houret
Haire	Harde	Hernie	Houri
Haireux	Harder	Héron	Hourque
Halage	Hardes	Héros, et non pas	Hourvari
Halbran	Hardi	ses dérivés	Houssard
Halbrener	Hardilliers	Herse	Housche
Hâlement	Harem	Hesse	Houssé
Hâle	Hareng	Hêtre	Housseaux
Halener	Harfleur	Heurter	Houspiller
Halèner	Hargneux	Hibou	Houssaie
Haletan	Haricot	Hic	Housse
Haleter	Haridelle	Hideux	Houseau
Hallage	Harlay	Hie	Housser
Halle	Harlem	Hiérarchie	Houssine
Hallebarde	Harnois	Hisser	Houssoir
Hallebreda	Haro	Hobereau	Houssou
Hallecret	Harpail	Hobin	Houx
Hallier	Harpe	Hoc	Hoyau
Haloir	Harpeau	Hoca	Huard
Halot	Harper	Hoche	Huche
Halotechnie	Harpon	Hochepot	Huer
Halte	Harpie	Hocher	Huette
Halurgie	Harpire	Hochet	Huguenot
Ham	Hart	Holà !	Huit
Hamac	Hase	Hollande	Hulotte
Hamagone	Hast	Hollander	Humer
Hambourg	Hâte	Homard	Hune
Hameau	Hâtereau	Hongre	Huningue
Hampe	Hâteur	Hongrie	Huppe
Han	Hâtier	Honnir	Hure
Hanap	Hâtille	Honte	Hurhaut
Hanau	Hâtif	Hoquet	Hurler
Hanche	Haubans	Hoqueton	Huron
Hanebane	Haubert	Horde	Hussard
Hangar	Hausse	Horion	Hutte
Hanneton	Haut		

Tous les noms qui dérivent des précédens ont, comme eux, la lettre initiale H aspirée; comme haut, hautain, hautbois, hautement, etc., et tous ceux qui dérivent de honte, etc., etc.

Il faut en excepter le mot héros, dans tous les dérivés duquel l'H initiale est muette; comme héroïne, héroïsme, héroïde, etc.

TABLE DES MOTS (98) DANS LESQUELS L SIMPLE ET LL (L DOUBLÉ) PRÉ-CÉDÉS DE I, NE SONT POINT MOUILLÉS.

REMARQUE.—l et ll ne sont jamais mouillés au commencement des mots. Ex. île, illégal, illustre.

l et ll ne sont mouillés que quand ils sont précédés de i; l, seulement à la fin des mots, et ll, soit dans le cours des mots, soit à la fin. Ex. écueil, mail, pareil, patrouille, feuille, fille, bataille.

Le Dictionnaire de l'Académie, édition de 1835, contient mille onze mots dans lesquels l et ll sont immédiatement précédés de i. Dans trente-et-un de ces mots, commençant par il, ou ill; l, et ll ne sont pas mouillés. Dans huit cent quatre-vingt-deux mots l ou ll sont mouillés, et, enfin, dans quatre-vingt-dix-huit mots l ou ll ne sont pas mouillés; ce sont les mots formant la liste qui suit:

Achillée	Incivil	Oscillation	Sil
Alliage	Imbécillité	Oscillatoire	Sille
Armille	Marmillaire	Osciller	Sourcil (sourci)
Armillaire	Maxillaire	Outil (outi)	Stillation
Axillaire	Mil (millésime)	Papillaire	Subtil
Baril (bari)	Mille (1000)	Papille	Titillation
Billion	Mille (distance)	Persil (persi)	Titiller
Calville	Millénaire	Pistil	Tranquille
Capillaire	Mille-feuille*	Profil	Tranquillement
Cavillation	Mille-fleurs	Puéril	Tranquillité
Chenil (cheni)	Mille-pertuis	Pupillaire	Tranquillisant
Chincilla	Mille-pieds	Pupille	Tranquilliser
Codicille	Millépore	Pupille (de l'œil)	Trillion
Codicillaire	Millésime	Pupillarité	Vacillant
Coutil (couti)	Milliaire	Pusillanimité	Vacillation
Exil	Milliard	Pusillanime	Vaciller
Fibrille	Milliasse	Quintil, tile	Veaudeville
Fil	Millième	Scille (botan.)	Vil
Fusil (fusi)	Millier	Scillitique	Villace
Gentil (genti)	Millimètre	Scintillant	Village
Gentil (genti)	Million	Scintillation	Villageois
Gentilshommes	Millionième	Scintiller	Villanelle
Gille	Millionaire	Sextil, ile	Ville
Grésil (grési)	Nombril (nombri)	Sigillé, ée	Villette
Gril (gri)	Octil		

OBSERVATION.—Dans les mots où i est précédé de *ou*, fenouil, fouille; de *eu*, cerfeuil, feuille; de *a*, mail, paille; et de *e*, éveil, merveille, l et ll sont toujours mouillés.

Au moyen des observations et de la liste qui précèdent, il ne saurait exister de difficulté pour déterminer quels sont les mots de la langue dans lesquelles l et ll sont mouillés: ce sont ceux qui ne figurent point sur cette liste.

---

* Dans ce substantif composé, la seconde partie *feuille* se prononce mouillée.

[FIN.]

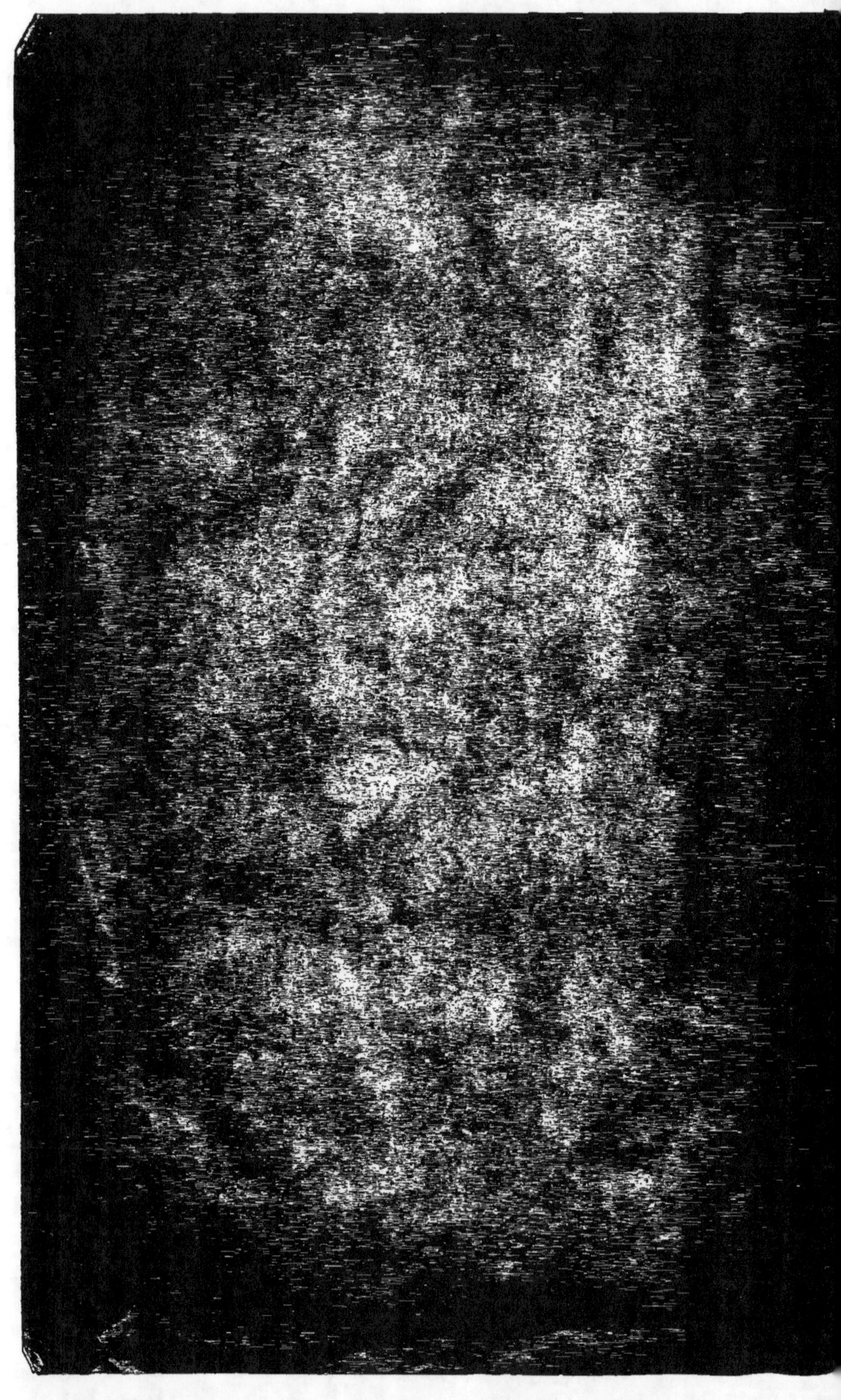